Victorian and Edwardian
WALES
from old photographs

CYMRU
Oes Victoria ac Edward VII
o hen ffotograffau

(*overleaf*) School children at Penlle'r-gaer, c. 1855
Plant ysgol ym Mhenlle'r-gaer

Victorian and Edwardian

WALES

from old photographs

CYMRU

*Oes Victoria ac Edward VII
o hen ffotograffau*

*Introduction and commentaries by
Rhagymadrodd ac esboniadau gan*

E. D. JONES

B. T. BATSFORD LTD
LONDON · *LLUNDAIN*

To my wife
in tribute to her patience
I'm gwraig
o deyrnged i'w hamynedd

First published 1972
Text © E. D. Jones 1972
ISBN 0 7134 0125 7

Printed in Great Britain by
William Clowes & Sons, Limited
London, Beccles and Colchester
for the Publishers B. T. Batsford Ltd
4 Fitzhardinge Street, London W1H 0AH

CONTENTS
CYNNWYS

ACKNOWLEDGMENT
CYDNABOD

It is a pleasure to acknowledge with thanks the encouraging co-operation of librarians, archivists, and photographers in the collection, selection, and the reproduction of the photographs from which the final selection was made. I am particularly grateful to the chief officers of the institutions listed below for allowing me to examine their collections and to their staffs for the trouble which they took over my visits. This list also serves as a reference to the sources of the photographs reproduced in this volume.

Y mae'n bleser cydnabod gyda diolch gydweithrediad calonogol llyfrgellwyr, archifwyr, a ffotograffwyr ynglŷn â chasglu, dewis, ac atgynhyrchu'r ffotograffau y gwnaethpwyd y detholiad terfynol ohonynt. Yr wyf yn neilltuol ddiolchgar i benaethiad y sefydliadau a restrir isod am ganiatáu i mi archwilio'u casgliadau, ac i'w staff am y drafferth a gymerasant dros f'ymweliadau. Gwasanaetha'r rhestr hon hefyd fel cyfeiriad at ffynonellau'r ffotograffau a atgynhyrchwyd yn y gyfrol hon.

LIBRARIES *LLYFRGELLOEDD*
The National Library of Wales (*Llyfrgell Genedlaethol Cymru*) 5, 14–15, 18, 23, 28–29, 31, 34, 52, 61, 65–7, 77, 83, 90, 100, 112, 117, 119, 127, 132, 134–7, 140, 144, 149, 151, 154.
Aberdare Public Library (*Llyrgell Gyhoeddus Aberdar*) 73, 95, 107, 138.
Anglesey County Library (*Llyfrgell Sir Fon*) 146.
Cardiff Central Library (*Llyfrgell Ganol Caerdydd*) 45, 47, 82, 108, 110–11.
Conway Public Library (*Llyfrgell Gyhoeddus Conwy*) 35.
Llandudno Public Library (*Llyfrgell Gyhoeddus Llandudno*) 39.
Newport Public Library (*Llyfrgell Gyhoeddus Casnewydd*) 44.
Llanelli Public Library (*Llyfrgell Gyhoeddus Llanelli*) 39, 74, 84.
Pembroke County Library (*Llyfrgell Sir Benfro*) 27, 53, 55, 118, 150.

MUSEUMS *AMGUEDDFEYDD*
The National Museum of Wales (*Amgueddfa Genedlaethol Cymru*) 97.
The Welsh Folk Museum (*Amgueddfa Werin Cymru*) 8–9, 11, 13, 16–17, 21, 68–9, 76, 101, 123, 133.
The Newport Museum (*Amgueddfa Casnewydd*) 41–3, 75, 79–80, 87.
The Royal Institution of South Wales, Swansea (*Sefydliad Brenhinol De Cymru, Abertawe*) 1, 3–4, 25, 49–50, 128.

INTRODUCTION

The commission entrusted to me was to collect old photographs of
Wales from the earliest period of photography down to the eve of the
First World War, in short, for the Victorian and Edwardian era. The
human element was to be dominant. Views of buildings and open land-
scape, as such, did not fit into the scheme. As good a geographical
coverage as possible of the whole of Wales was expected, but with the
emphasis on areas of considerable population, on bygone customs,
costumes, and activities, and, because of its picturesque nature, on the
littoral. The final selection of some 150 prints was to have a compara-
tively short introduction and picture commentaries, preferably in
bilingual form.

Assembling the material proved to be a fascinating task, and during
the past year I have examined thousands of photographs and original
plates. For an archivist of 40 years' standing there have been hours of
joy in discovering and surveying wealthy collections, and sad moments
of reflection upon what has been irretrievably lost through a long
period of little concern for the preservation of records of this kind,
especially in the case of glass plates. No archivist could hear without a
feeling of regret that in one town, and that probably only typical of
the state of things in other places, glass negatives were taken by the
cartloads to the local railway station during the First World War to
be sent away to be cleaned, or that successors of old-established firms
had destroyed, without examination, sagging shelf-loads of plates,
because examining and sorting them would take up time that could
not be spared. There was an attempt at justification in a plea that, in
any case, they were mostly studio portraits of unidentifiable sitters.
That was probably true, but, judging by accumulations which have
escaped destruction, there must have been some material of great

interest among them.

One of the annoying features of any examination of collections of portraits, whether filed singly or in albums, is the lack of means of identifying the persons represented. The original owners at the time knew who they were, but too few people take the trouble of recording names and dates on the backs of photographs. Consequently, the interest is confined to the costume worn except in the case of sitters whom one would call 'real characters'.

The selection within the limits of the commission is largely governed by the survival, or otherwise, of the material of human interest which lent itself to a tolerably decent reproduction. Many interesting aspects of life in Wales during the reigns of Victoria and Edward VII are un-represented here for the want of suitable material.

The main difficulty for the earlier period was the paucity of illustrations of out-door activities, such as agricultural processes, and of interior industrial operations. In those days of slow emulsions and the non-existence of our modern electronic illumination devices this was only to be expected.

Before the invention of the dry plate, to take a camera out to the field was a cumbersome operation, involving the haulage of a considerable weight of equipment. The difficulties are graphically illustrated in No. 128 taken about 1853 by John Dillwyn Llewelyn of Penlle'r-gaer, near Swansea, or on his behalf. John Dillwyn Llewelyn (1810–82) has a niche in the story of the development of photography. His father, Lewis Weston Dillwyn, of Quaker extraction, was entrusted by his father William Dillwyn, with the management of the renowned Swansea Pottery. He married a local lady, heiress of the Llewelyns of Penlle'r-gaer. A Fellow of the Royal Society he was acquainted with the leading scientists of the day, and his son, John Dillwyn (he adopted the surname Llewelyn on succeeding to his mother's ancestral estate), inherited the same interests. He also was elected F.R.S. in 1836. He married Emma, daughter of Thomas Mansel Talbot of Margam. On her mother's side she was first cousin to William Henry Fox Talbot (1800–

1877), who patented the calotype or talbotype process in 1841, and his second cousin on her father's side. This double relationship resulted in the maintenance of a close connection between the Talbots of Lacock Abbey and those of Margam, with whom the Dillwyns had formed firm friendship. Talbot was a F.R.S. since 1831, and the two relatives by marriage collaborated in photographic experiment. John Dillwyn Llewelyn's special contribution was the introduction of the use of Oxymel, a syrupy mixture of vinegar and honey, to retard the otherwise too rapid drying nature of the wet collodion in the process developed by Frederick Scott Archer in 1851. It was this characteristic of the collodion which called for the use of a portable dark room, for the plates had to be exposed immediately after the application of the substance and developed immediately after exposure. For other examples of J. D. Llewelyn's work see Nos. 1–4, and perhaps 15 and 128, though these are attributed also, but on doubtful grounds, to Henry Hussey Vivian of Swansea.

Fox Talbot and John Dillwyn Llewelyn were gentlemen of means pursuing a hobby. John Thomas (1838–1905) original photographer of Nos. 23, 29, 34–5, 65, 83, 90, 100, 133–4, 136 and 140, made photography a business and profession. He was born of humble parents in Cellan in Cardiganshire but found his way to Liverpool where he became a traveller in stationery and portraits. His area included north Wales and he soon became aware of a need for providing photographs of Welsh celebrities. So he decided to establish a Gallery of portraits of persons whose renown in the fields of religion, literature and the arts in Wales created a demand for their portraits. In 1867, he set up his own photographic business in Liverpool (establishing later a branch at Llangollen) taking a trained photographer to help him. He called it The Cambrian Gallery, and in Welsh *Yr Oriel Gymreig*. Over the next 30 years he travelled extensively in Wales and built up a large collection of negatives of portraits, landscapes, and architectural subjects, covering the greater part of the Principality. Sir Owen M. Edwards relied heavily upon him for illustrations for some of his books and for his magazine

Wales. When John Thomas was overcome by old age and, being reluctant to see his collection dispersed, sold the Gallery to Sir Owen Edwards, he thus secured the preservation of a choice selection of over 3,000 glass negatives, running from the late 'sixties to the 'nineties. The entire collection is now at the National Library of Wales in Aberystwyth.

The other identifiable photographers were in business in the areas covered by the photographs listed after their names in this paragraph. Most of them were active in the early years of the present century. They were Percy Benzie Abery (No. 67), C. E. Allen (No. 7), Edward Richard Gyde (Nos. 56–7), John Hughes (No. 37), W. E. Jones (Nos. 96, 109), D. J. Lewis (No. 77), Robert Owen (No. 67), and Arthur E. Smith (Nos. 63, 145). The original photographers of the other prints are unknown.

In addition to its primary purpose of illustrating life in Wales during the Victorian and Edwardian era, it is hoped that this collection will stimulate interest in the preservation of old plates and prints, and in recording the names of the original photographers.

RHAGYMADRODD

Y comisiwn a ymddiriedwyd i mi oedd casglu hen ffotograffau Cymreig o gyfnod cynharaf ffotograffiaeth hyd at drothwy'r Rhyfel Byd cyntaf, mewn gair dros holl gyfnod Victoria ac Edward VII. Yr elfen ddynol oedd i gael y lle amlycaf. Disgwylid cynrychiolaeth mor helaeth ag a oedd yn bosibl o holl ranbarthau Cymru, ond rhoi'r pwyslais ar ardaloedd gweddol boblog, ar arferion, dull-wisgoedd a gweithgareddau diflanedig, ac ar yr arfordir ar gyfrif ei dlysni. Yr oedd y detholiad terfynol o ryw gant a hanner o ddarluniau i gael rhagymadrodd cymharol fyr ac esboniadau arnynt, a hynny o ddewis yn ddwyieithog.

Bu casglu'r defnyddiau yn dasg wir bleserus, ac yn ystod y flwyddyn ddiwethaf edrychais ar filoedd o ffotograffau a phlatiau gwydr gwreiddiol.

Fel un a fu'n archifydd wrth ei alwedigaeth am ddeugain mlynedd cefais oriau lawer o fwynhad wrth olrhain a bwrw golwg dros gasgliadau cyfoethog, a rhai munudau digon trist o sylweddoli gymaint a gyfrgollwyd yn hirlwm diffyg gofal dros gadwraeth a diogelwch y defnyddiau hyn, yn arbennig y platiau gwydr. Ni fedrai un archifydd glywed heb deimlo'n flin i negatifau gwydr yn ystod y Rhyfel cyntaf gael eu cludo wrth y llwythi cert mewn un tref, nad oedd hwyrach ond un esiampl o beth a ddigwyddodd mewn llawer o drefi, i'w danfon o orsaf leol y rheilffordd i ryw ganolfan i gael eu glanhau, neu glywed i olynwyr hen ffyrmiau ddinistrio heb gymaint ag edrych drwyddynt gynnwys silffoedd gorlwythog o blatiau am y cymerai archwilio a dethol ohono fwy o amser nag a ellid ei fforddio. Ceisid cyfiawnhau'r weithred drwy bledio mai dim ond lluniau ffurfiol stiwdio o bersonau anadnabyddadwy oedd y crynswth. Digon gwir efallai, ond a barnu oddi wrth gynnwys casgliadau a oroesodd rhaid fod rhywfaint o ddefnyddiau o ddiddordeb mawr ym mhlith y rhain hefyd.

Elfen bryfoclyd mewn unrhyw archwiliad o gasgliadau o hen ffotograffau, byddent gyfrolau albwm neu unigolion, yw diffyg tystiolaeth am y personau a gynrychiolir. Y mae'r sawl a'u cafodd yn gwybod pwy oeddynt ar y pryd ond anaml yr ânt i'r drafferth i gofnodi enwau na dyddiadauar gefn y ffotograffau. O ganlyniad yn rhy aml cyfyngir y diddordeb i'r dillad a wisgir, ac eithrio lle bo'r gwrthrych yn wir 'gymeriad'.

Gorffwys y detholiad hwn, o fewn terfynau'r comisiwn, i raddau helaeth iawn ar oroesiad neu ddiffyg cadw defnyddiau o ddiddordeb dynol a fyddai'n addas i'w hatgynhyrchu'n weddol dderbyniol. Erys, felly, lawer agwedd ddiddorol ar fywyd Cymru yn ystod teyrnasiad Victoria ac Edward VII heb ei chynrychioli o ddiffyg defnydd pwrpasol.

Y prif anhawster yn y cyfnod cynharaf oedd prinder darluniau o weithgareddau awyr agored, megis gwaith amaethyddol, neu brosesau diwydiannol o dan do. Nid oedd hyn yn ddim ond peth i'w ddisgwyl o gyfnod yr emylsiynau araf a chyn dyfod dyfeisiadau goleuo electronig ein dyddiau ni.

Cyn darganfod y plât sych, yr oedd cymryd camera allan i'r maes yn orchwyl cwmbrus a olygai lusgo cyfarpar o gryn bwysau. Ceir darlun byw o'r anawsterau yn Rhif 128 a gymerwyd gan, neu ar ran, John Dillwyn Llewelyn (1810–1882) o Benlle'r -gaer, ger Abertawe tua 1853. Y mae i John Llewelyn le yn hanes datblygiad ffotograffiaeth. Rhoisid ei dad, Lewis Weston Dillwyn, aelod o deulu o Grynwyr, gan ei dad yntau, William Dillwyn, i ofalu am grochenwaith enwog Abertawe. Priododd ferch o'r ardal, etifeddes teulu Llewelyn, Penlle'r-gaer. Fel Cymrawd y Gymdeithas Frenhinol yr oedd gydnabyddus â gwyddonwyr amlycaf ei ddydd, ac etifeddodd ei fab, John Dillwyn (ar ôl etifeddu ystad hynafiaid ei fam y mabwysiadodd y cyfenw Llewelyn), yr un diddordebau. Etholwyd yntau hefyd yn Gymrawd y Gymdeithas Frenhinol yn 1836. Priododd ag Emma, merch Thomas Mansel Talbot o Fargam. Ar ochr ei mam yr oedd hi'n gyfnither i William Henry Fox Talbot (1800–1877), a gymerodd batent ar y broses a elwid caloteip neu talboteip yn 1841, ac yn gyfyrderes iddo ar ochr ei thad. Ar gorn y berthynas ddyblyg hon bodolai cyfathrach glos rhwng Talbotiaid Lacock Abbey a'r gangen ym Margam, y ffurfiasai teulu Dillwyn gyfeillgarwch cadarn â hi. Yr oedd Fox Talbot yn Gymrawd y Gymdeithas Frenhinol ers 1831 a bu'r ddau berthynas drwy briodas yn cydlafurio mewn arbrofion ffotograffaidd. Cyfraniad arbennig John Dillwyn Llewelyn oedd cymhwyso Ocsimel, cymysgedd triaglaidd o finegr a mêl, at arafu'r gynneddf o sychu'n gyflym a nodweddai'r colodion gwlyb a ddatblygwyd gan Frederick Scott Archer yn 1851. Y gynneddf hon ar y colodion a alwai am ddefnyddio cel dywyll symudol, oherwydd fod yn rhaid tynnu'r lluniau'n syth ar ôl taenu'r gymysgedd ar y plât gwydr, a'u datblygu'n union wedi tynnu'r lluniau. Am enghreifftiau eraill o waith John Dillwyn Llewelyn gweler Rhifau 1–4, ac efallai 15 a 128, er i'r ddau hyn gael eu priodoli, ar seiliau ansicr, i Henry Hussey Vivian, Abertawe.

Gwŷr bonheddig cefnog yn dilyn hobi oedd Fox Talbot a John Dillwyn Llewelyn. Ond gwnaeth John Thomas (1838–1905), y gŵr a dynnodd Rifau 23, 29, 34–5, 65, 83, 90, 100, 133–4, 136, a 140, ffotograffiaeth yn fusnes ac yn alwedigaeth. Fe'i ganwyd i deulu cyffredin yng Nghellan yng Ngheredigion, ond tynnodd tuag at Lerpwl, a daeth yn drafaeliwr mewn papur a darluniau. Yr oedd gogledd Cymru yn ei faes cerdded, a buan y sylweddolodd yr angen am gael darluniau o Gymry enwog. Gan hynny, penderfynodd sefydlu Oriel o ffotograffau personau yr oedd eu bri ym meysydd llên, crefydd, a chelfyddydau yng Nghymru'n creu galw am ddarluniau ohonynt. Yn 1867, sefydlodd ei fusnes ffotograffiaeth yn Lerpwl gyda changen yn ddiweddarach yn Llangollen, gan gymryd ato ffotograffydd hyfforddedig i'w gynorthwyo. Rhoes yr enw Cambrian Gallery, neu'r Oriel Gymreig arni. Am y deng mlynedd ar hugain nesaf bu'n crwydro'n helaeth yng Nghymru nes crynhoi casgliad mawr o negatifau portreadau, tirluniau, a thestunau pensaernïol dros y rhan fwyaf o'r Dywysogaeth. Pwysodd Syr Owen M. Edwards yn drwm arno am ddarluniau i rai o'i lyfrau ac i'w gylchgrawn Cymru. Wedi i henaint oddiwes John Thomas, ac yntau'n awyddus i beidio â chwalu ei gasgliad, gwerthodd yr Oriel i Syr Owen Edwards, gan sicrhau cyfanrwydd casgliad gwych o fwy na thair mil o negatifau gwydr yn dyddio o'r trigeiniau i'r naw degau. Y mae'r casgliad yn awr yn Llyfrgell Genedlaethol Cymru yn Aberystwyth.

Yr oedd y ffotograffwyr eraill, y mae eu henwau ar gael, mewn busnes yn yr ardaloedd a gynrychiolir gan y ffotograffau y ceir eu rhifau ar ôl eu henwau yn y paragraff hwn. Yr oedd y rhan fwyaf ohonynt yn gweithio yn nechrau'r ganrif hon. Dyma'u henwau; Percy Benzie Abery (Rhif 67), C. E. Allen (Rhif 7), Edward Richard Gyde (Rhif 56–7), John Hughes (Rhif 37), W. E. Jones (Rhifau 96, 109), D. J. Lewis (Rhif 77), Robert Owen (Rhif 66), ac Arthur E. Smith (Rhifau 63, 145). Nid yw enwau ffotograffwyr gwreiddiol y lluniau eraill yn wybyddus.

At y pwrpas gwreiddiol o ddarlunio bywyd yng Nghymru yn oes Victoria ac Edward VII, gobeithio y bydd i'r casgliad hwn symbylu diddordeb yng nghadwraeth hen blatiau a darluniau ac mewn cofnodi enwau'r ffotograffwyr gwreiddiol.

FAMILY LIFE

BYWYD TEULUOL

'*The Welsh esteem noble birth and generous descent above all things. . . . Even the common people retain their genealogy, and can not only readily recount the names of their grandfathers and great-grandfathers but even refer back to the sixth or seventh generation, or beyond them* . . . GIRALDUS CAMBRENSIS, *Descriptio Kambriae* (trans. Sir Richard Colt Hoare). This characteristic of the Welsh, noted by Giraldus Cambrensis in the twelfth century, persisted well into the Victorian age. It is therefore fitting to begin this selection with a representation of family life

'*Dyheant fwyaf, yn anad popeth arall, am linach rywiog, ac ardderchowgrwydd achau . . . Y mae, hefyd, hyd yn oed y distatlaf o'r werin yn ofalus am ei daflen achau; ac edrydd oddi ar ei gof, ac yn rhugl, ei achau, nid yn unig ei deidiau, ei hendeidiau, a'i orhendeidiau, ond hyd at y chweched, neu hyd yn oed y seithfed genhedlaeth, ac ymhell y tu hwnt i hynny.* ibid. (Cyf./trans. Thomas Jones.) *Parhaodd y nodwedd hon ar gymeriad y Cymro, y sylwodd Gerallt Gymro arni yn y ddeuddegfed ganrif, i lawr i ganol oes Victoria. Gweddus, gan hynny, yw dechrau'r detholiad hwn gyda chynrychioli'r bywyd teuluol.*

2 Playing gipsies at Penlle'r-gaer, *c.* 1855
Chware sipsiwn ym Mhenlle'r-gaer

3 The Talbots of Margam and the Llewelyns of Penlle'r-gaer out together in 1855

Teuluoedd Talbot, Margam, a Llewelyn, Penlle'r-gaer allan gyda'i gilydd

4 The Llewelyn family celebrating Guy Fawkes' Day with a bonfire at Penlle'r-gaer in 1855

Teulu Llewelyn yn dathlu dydd Guto Ffowc gyda choelcerth ym Mhenlle'r-gaer

5 Children with pram and tricycle at Nevin, Caernarfonshire, *c.* 1895

   Plant gyda phram a threisicl yn Nefyn, Sir Gaernarfon

6 The Gulston family of Dirleton, Carmarthenshire, *c.* 1870

   Teulu Gulston, Dirleton, Sir Gaerfyrddin

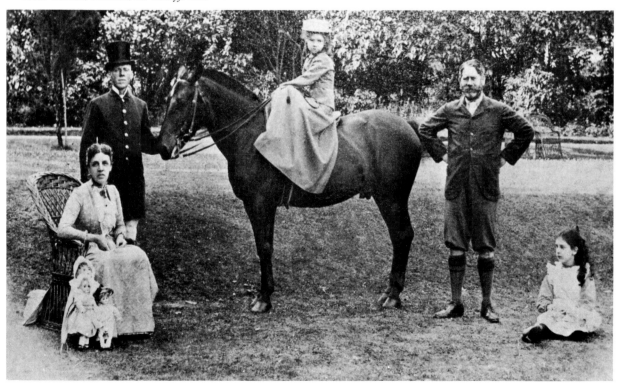

RURAL LIFE
BYWYD GWLEDIG

They neither inhabit towns, villages, nor castles, but lead a solitary life in the woods
. . . Giraldus Cambrensis, *Descriptio Kambriae* (trans. Sir Richard Colt Hoare). Until
Victorian times the Welsh tradition remained essentially rural.
*Ni thigant ynghyd mewn na thref, na phentref, na chaer, ond megis didryfwyr,
glynant wrth y coedydd* . . . Ibid. (Trans./*cyf.*, Thomas Jones.) *Hyd at Oes Victoria
parhaodd y traddodiad Cymreig yn hanfodol wledig.*

7 A fisherman with his coracle and two women in Welsh costume at Dirleton in Carmarthenshire,
c. 1870. 'If I were to paddle a canoe on the swollen Ganges, Or the waves of the Caveri, that would
give pleasure; But the banks of the land of Wales are more sacred, And my heart prefers my country's
ancient coracle.'

*Pysgotwr gyda'i gwrwgl a dwy wraig mewn gwisg Gymreig yn Dirleton, Sir Gaerfyrddin. 'Pe
rhwyfwn ganô ar y Ganges chwyddedig, Neu donnau'r Caveri, rhoi hynny fwyndâd; Ond glannau
bro Gwalia ynt fwy cysegredig, A gwell gan fy nghalon hen gwrwg fy ngwlad.'* John Ceiriog Hughes to
the Coracle

8 (*opposite*) Mari Lwyd at Llangynwyd in Glamorgan, a Christmas/New Year custom, *c.* 1908.
'Merry Mari Lwyd wants to come to your house, and to sing is her purpose, I believe.' Trefor M.
Owen, *Welsh Folk Customs.* It was customary to regard Mari as the Virgin Mary, but the modern
view is that Mari Lwyd simply means a Grey Mare. The decorated equine head is carried from house
to house in parts of Glamorgan during the Christmas/New Year festivities.

*Mari Lwyd yn Llangynwyd, Sir Forgannwg. 'Mae Mari Lwyd lawen Am ddod i'ch ty'n rhonden
A chanu yw ei diben, mi gredaf.' Y farn ddiweddaraf yw mai Caseg Lwyd yw ystyr Mari Lwyd. Arweinir
y pen ceffyl addurnedig o dŷ i dŷ mewn rhannau o Forgannwg yn ystod gwyliau'r Nadolig/Calan.*

9 A boat and coracles on the river Tywi, *c*. 1870

Cwch a chyryglau ar afon Tywi

10 The ascent of Snowdon. 'Tis easy to say ''That is Snowdon'', it is traversed but slowly.' – A traditional stanza

Dringo'r Wyddfa. 'Hawdd yw dwedyd ''Dacw'r Wyddfa'', Nid eir drosti ond yn ara.' – Pennill traddodiadol

11 Cutting peat on a Carmarthenshire moorland, *c.* 1898

Torri mawn ar rostir yn Sir Gaerfyrddin

12 Sheep washing on Skomer Island, *c.* 1870

Golchi defaid ar Ynys Skomer

13 Sheep shearing at Llanymawddwy, Merioneth, *c.* 1900. 'I seek no purer delight than to love the lambs and the wethers; or to leap over the moraine after the wild rams; and to meet on shearing day to talk of canine feats.' Eifion Wyn, 'Mot'

Cneifio defaid yn Llanymawddwy, Sir Feirionnydd 'Ni fynnwn burach mwyniant Na charu'r ŵyn a'r myllt; Neu lamu dros y marian Ar ôl yr hyrddod gwyllt; A chyfwr ddiwrnod cneifio I sôn am gampau'r cŵn' . . . – Eifion Wyn, 'Mot'.

14 The mechanisation of agriculture began towards the end of the period. A tractor drawing a cultivator on a Monmouthshire field, *c.* 1912

Dechreuwyd mecaneiddio amaethyddiaeth tua diwedd y cyfnod. Tractor yn tynnu triniwr tir yn Sir Fynwy

15 Haymaking. Making a hay rick in the Swansea district, *c.* 1855

Cynhaeafa Gwair. Gwneud tâs wair yn ardal Abertawe

16 Corn harvest. A break for sharpening sickles in a wheat field at Llanrhystud, Cardiganshire in 1903

Cynhaeaf medi. Hoe hogi crymanau ar gae gwenith yn Llanrhystud, Sir Aberteifi

17 The outside gear which provided power for machinery in a barn at Rhandir-mwyn, Carmarthenshire, *c.* 1910

Rhan allanol gêr gyrru peiriannau ysgubor yn Rhandirmwyn, Sir Gaerfyrddin

18 A girl riding a Welsh pony near Llandovery

Geneth yn marchogaeth poni Gymreig ger Llanymddyfri

19 Women blowing and washing birds' eggs in Pembrokeshire, *c.* 1900

Gwragedd yn chwythu a golchi wyau adar yn Sir Benfro

20 A woman fetching water from a well on Skomer Island, *c.* 1860

Gwraig yn cario dŵr mewn stwc o ffynnon ar Ynys Skomer

21 Outside the Vulcan Arms and the adjoining smithy at Cwmbelan, Montgomeryshire, *c.* 1895

Y tu allan i'r Vulcan Arms a'r efail gysylltiol yng Nghwmbelan, Sir Drefaldwyn

22 Servants and their implements at Hawarden Castle, *c.* 1890

Gwasanaethyddion a'u hoffer yng Nghastell Penarlâg

THE SEASIDE
GLANNAU'R MÔR

With the sea bounding it on three sides Welsh life has owed much to maritime contacts from the earliest times.

A môr yn ei hamgylchu ar dair ochr dibynnodd Cymru lawer ar gysylltiadau morwrol o'r cyfnodau boreaf.

23 The slate quay at Port Dinorwic, *c.* 1880. Port Dinorwic is a small harbour on the Menai Straits, at a place formerly known as Aber-pwll, conveniently situated for the Caernarvonshire slate trade. The adjoining village is known in Welsh as *Y Felinheli*. 'Anchor was raised at the Felinheli When dawn was breaking grey one day, The mother wept long on the morn of the first voyage When she remembered about the sad winter.' – W. J. Gruffydd, *The Song of the Old Sailor*

Y cei llechi yn y Felinheli. Porthladd bychan mewn lle a elwid gynt yn Aber-pwll ar y Fenai yw Porth Dinorwig neu'r Felinheli, lle cyfleus i fasnach lechi Sir Gaernarfon 'Codwyd angor yn y Felinheli Pan oedd gwawr yn torri'n llwyd ryw ddydd, Wylai'r fam ar drothwy'r fordaith gynta'n Hir, pan gofiodd am y gaeaf prudd.' – W. J. Gruffydd, Cerdd yr hen longwr

24 Barry Dock. Here David Davies of Llandinam built docks capable of taking the largest ships in
the iron and coal trade of the period. Opened in 1889, *c.* 1900

Y Barri. Yma yr adeiladodd David Davies, Llandinam, ddociau a fedrai gymryd llongau mwyaf
masnach haearn a glo'r cyfnod. Agorwyd yn 1889

25 (*opposite*) Swansea harbour, *c.* 1870

Porthladd Abertawe

26 Tenby. A beach scene with the island rock of St Catherine in the background, *c.* 1894 'A splendid fort stands on the wide ocean A sturdy stronghold, sea-encircled.' (trans. Joseph P. Clancy)

Dinbych y Pysgod. Golygfa ar y traeth gydag ynysig greigiog St Catherine yn y cefndir 'Addwyn gaer y sydd ar llydan llyn, Dinas diachor môr o'i chylchyn.' – A ninth century poem in the Book of Taliesin.

27   Tenby harbour, *c.* 1870–75 *'Tourist Tenby stands pretty much on the same lines as its predecessor, but has been literally faced about. Business men of old cared nought for a view which is of course everything to the modern lodging-house keeper. The medieval town turned its back on the sea.'* – Edward Laws, *Little England beyond Wales*

Porthladd Dinbych y Pysgod

28   (*opposite*) A ketch unloading at New Quay, *c.* 1880 Before the coming of the railways small harbours and creeks along the coast provided the best contacts with the outside world. *'New Quay is advantageously situated on the shore of Cardigan Bay, and affords good anchorage to vessells of small tonnage. . . . There are at present from sixty to seventy vessells belonging to the port, averaging from forty to fifty tons' burden each.'* – Samuel Lewis, *Topographical Dictionary of Wales*, 1842

Llong ddwy hwyl yn dadlwytho yn y Cei. Cyn dyfod y rheilffyrdd porthladdoedd bychain a chil-fachau'r glannau a roddai'r cysylltiadau gorau â'r byd y tu allan

29 Portmadoc with shipping in the harbour, *c.* 1880. Portmadoc was founded by William Alexander Madocks in 1821 to serve the town of Tremadoc which he had built from 1807 after enclosing Traeth Mawr. The port could accommodate ships of 300 tons' burden. The chief exports were slates

Porthmadog gyda llongau yn y porthladd. Sefydlwyd gan William Alexander Madocks yn 1821 i wasnaethu Tremadog y dechreuodd ei adeiladu yn 1807 wedi iddo gau'r Traeth Mawr i mewn. Gallai'r porthladd gymryd llongau i ddal tri chan tunnell. Llechi oedd y prif allforion

30 Shipbuilding at Nevin, *c*. 1870. Nevin was a borough created by Edward I. Its main industry was shipping

Adeiladu llongau yn Nefyn. Bwrdeistref a sefydlwyd gan Edward I oedd Nefyn. Llongwriaeth oedd ei phrif ddiwydiant

31 (*overleaf*) Boats moored under the shadow of Conway Castle, *c*. 1800. Conway was yet another of Edward I's castles and boroughs. It has retained its medieval walls. Conway is the name of the river and the original name of the town was Aberconway. Note the name John Conway on the boat in the foreground

Cychod yn gorffwys yng nghysgod Castell Conway. Un arall eto o gestyll a bwrdeistrefi Edward I oedd Conwy. Cadwodd ei muriau oddi ar y Canol Oesoedd. Enw'r afon oedd Conwy, a gelwid y dref yn Aberconwy gynt. Sylwer ar yr enw John Conway ar y cwch ym mlaen y llun

32 A paddle steamer coasting North Wales from Beaumaris. Beaumaris was another of Edward I's boroughs and in the age of Victoria the principal port of North Wales

Agerlong rodl a foriai rhwng Biwmares a threfi glannau'r gogledd. Un arall o fwrdeistrefi Edward I oedd Biwmares, ac yn oes Victoria yn brif borthladd Gogledd Cymru

33 Bangor pier at eventide. A cathedral city and a seat of a University College, Bangor, situated where the Menai straits open out to Beaumaris Bay, was also a shipping centre

Glanfa Bangor gyda'r hwyr. Dinas eglwys gadeiriol a safle Coleg Prifysgol, lle'r egyr y Fenai ar Fae Biwmares, yr oedd Bangor hefyd yn ganolfan llongau

34 A paddle steamer from Conway at Trevriw quay. The Conway was navigable thus far by ships of 60 tons burden in Victorian times, *c.* 1880

Agerlong rodl o Gonwy wrth y cei yn Nhrefriw. Gallai llongau trigain tunnell fynd cyn belled ar Gonwy yn oes Victoria

35 Mussel gatherers at Conway. Some 40 persons were engaged in the fishery in the 'forties of the last century. Some 160 ounces of pearls a week, at half a crown an ounce, were produced, *c.* 1890

Pysgotwyr cregin gleision yng Nghonwy. Yn neugeiniau'r ganrif ddiwethaf cyflogid tua deugain person yn y bysgodfa. Cynhyrchid rhyw wyth ugain wns o berlau bob wythnos, yn ôl hanner coron yr wns

36 The beach and bathers at Rhyl, *c.* 1905

Y traeth ac ymdrochwyr yn y Rhyl

37 The Point of Ayr lifeboat, in Llanasaph, Flintshire, *c.* 1880

Bywydfad y Parlwr Du, yn Llanasa, Sir y Fflint

38 The west parade at Rhyl, *c.* 1905. When Victoria ascended the throne Rhyl was but a tiny hamlet in the parish of Rhuddlan, but it soon blossomed into a popular seaside resort

Y rhodfa orllewinol yn y Rhyl. Nid oedd y Rhyl ond treflan fechan ym mhlwy Rhuddlan pan esgynnod Victoria i'r orsedd, ond buan y datblygodd yn gyrchfan glan môr boblogaidd

39 Signor Ferrari and his performing birds at Llandudno, *c.* 1900. For over 20 years Signor Ferrari and his birds rivalled Punch and Judy as a seaside entertainment at Llandudno

Signor Ferrari a'i adar disgybledig yn Llandudno. Am dros ugain mlynedd bu Signor Ferrari a'i adar mor boblogaidd â Pwnsh a Siwdi fel difyrrwch glan môr yn Llandudno

40 The old ferry-boat at Queensferry on the
Dee, *c.* 1900

Yr hen ysgraff ar Ddyfrdwy yn Queensferry

THE TOWNS
Y TREFI

According to Giraldus Cambrensis the Welsh were loth to take to towns. Indeed, the growth of Welsh towns is largely a phenomenon of the nineteenth century. Even as late as the 'forties the population of Cardiff was little over 6,000, Swansea about 15,000. Merthyr Tydfil, where the Industrial Revolution made its first real impression, had a population of 22,000. Welsh people did not experience the lure of urban life until quite recently. Wales had no capital in Victorian and Edwardian days.

Yn ôl Gerallt Gymro ni chymerth y Cymry at fywyd trefol. Ffenomenon o'r bedwaredd ganrif ar bymtheg yw twf trefi yng Nghymru. Yn y deugeiniau cynnar ychydig dros 6,000 oedd poblogaeth Caerdydd, Abertawe â rhyw 15,000, a Merthyr Tudful, lle y gwnaeth y Chwyldro Diwydiannol ei argraff drom gynharaf, â 22,000. Ni phrofodd Cymry ddeniadau bywyd trefol tan yn gymharol ddiweddar, ac nid oedd iddynt brifddinas yn oes Victoria nac Edward VII.

41 Newport, Monmouthshire. The Tredegar Arms Hotel lounge, *c.* 1906
Lolfa Gwesty'r Tredegar Arms

42   Newport, Monmouthshire. The 'Pill Gates' with horse drawn trams, *c.* 1900

Casnewydd, Sir Fynwy. Llidiardau'r 'Pill' gyda thramiau ceffyl

43   Newport. A scene in the High Street, *c.* 1890

Golygfa yn y Stryd Fawr

44   An accident on Newport Bridge, *c*. 1910

Damwain ar bont Casnewydd

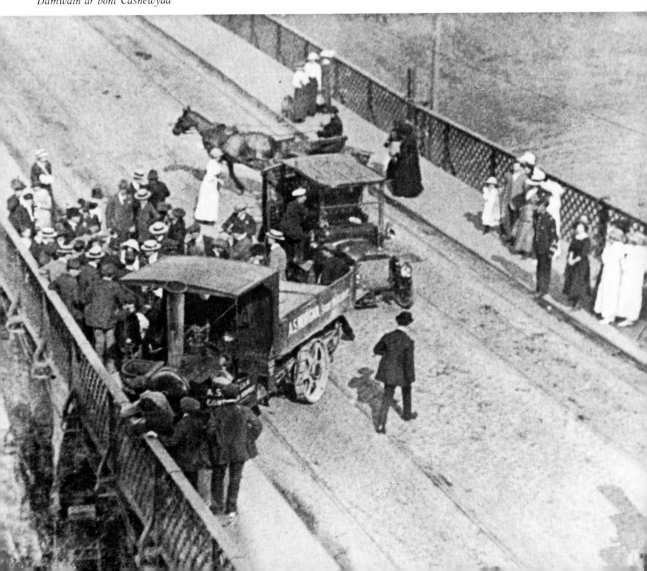

45 Queen Street, Cardiff, *c.* 1895

Stryd y Frenhines, Caerdydd

46 St Mary Street, *c.*1892

Stryd y Santes Fair

47 A horse tram in Newport Road, *c.* 1902

Tram ceffylau ar Ffordd Casnewydd

48 Roath Park lake before its environs were built upon, *c.* 1896
Llyn Parc y Rhath cyn adeiladu o'i gylch

49 The old Island House before its demolition, Swansea, *c.* 1869

Yr hen Island House cyn ei chwalu, Abertawe

50   Lion Stores and the Strand weighbridge, *c.* 1870

Ystordy 'r Llew a thafol y Strand

51   *(overleaf)* High Street with electric trams, *c.* 1900

Y Stryd Fawr gyda thramiau trydan

52　The road to the beach, Tenby, 1890

Y ffordd i'r traeth, Dinbych y Pysgod

53　Salutation Square and the Salutation Hotel, Haverfordwest, 1905

Sgwâr a gwesty'r Salutation Hwlffordd

54　Pointz Street Post Office, Milford Haven, *c.* 1899

Swyddfa Bost Stryd Pointz, Aberdavgleddau

55 High Street and Church Tower, Pembroke, *c.* 1900

Y Stryd Fawr a tĥwr yr eglwys, Penfro

56 The Piccadilly Inn at Antaron, or Southgate, Aberystwyth, c. 1890

Tafarn Piccadilly yn Ystrad Antaron, neu Benparcau

57 Upper Bridge Street and the now demolished Town Clock, c. 1910

Rhan uchaf Heol y Bont a hloc y Dre a chwalwyd bellach

58 Farmhouse and fields of Adwy Rydd on the slopes of the Little Orme, now built over, as part of Llandudno, *c.* 1880

Ffermdŷ a chaeau Adwy Rydd ar lethrau Rhiwledyn erbyn hyn wedi eu llyncu gan Landudno

59 Bathers in the healing waters of the Piscina, Holywell, *c.* 1890

Ymdrochwyr yn nyfroedd iachusol pwll nofio Treffynnon

60 Carts in Upper High Street, Mold, 1906

Certi yn yr Heol Fawr Uchaf, Yr Wyddgrug

TRADE, MARKETS AND FAIRS
MASNACH, MARCHNADOEDD A FFEIRIAU

61   A whimberry market at New Radnor, *c.* 1910

Marchnad llusi duon bach ym Maesyfed

62   A meat stall in the old Market Hall, Overton on Dee, Flintshire, *c.* 1900

      Stondin gig yn hen Neuadd Farchnad Owrtyn Fadog, Sir y Fflint

63   A furnishing and ironmonger's shop in Maesteg, Glamorgan, *c.* 1910

      Siop ddodrefn a nwyddau haearn ym Maesteg, Sir Forgannwg

64   Patrick's Library Bazaar and Photographic Studio at Pemaen-mawr, Caernarfonshire, *c.* 1870

Basâr, Llyfrgell a Stiwdio Ddarluniau Patrick ym Mhenmaen-mawr, Sir Gaernarfon

65   One of the four annual fairs held at Llanybyther, Carmarthenshire, *c.* 1890

       Un o bedair ffair flynyddol Llanybyddair, Sir Gaerfyrddin

66   Llanrhaeadr ym Mochnant horse sale, *c.* 1890

       Arwerthiant ceffylau yn Llanrhaeadr ym Mochnant

67 Newtown, Montgomeryshire, Fair, *c.* 1900

Ffair y Drenewydd ym Maldwyn

68   A Brecon draper's apprentices, *c.* 1900

Prentisiaid dilledydd yn Aberhonddu

TRANSPORT
TRAFNIDIAETH

69 A tollgate near Llandaff, 1884

Tollborth ger Llandâf

70   A four wheeled carriage outside Scotchwell, Haverfordwest, *c.* 1865

Cerbyd pedair olwyn y tu allan i Scotchwell, Hwlffordd

71   A four wheeled carriage at Dirleton, Carmarthenshire, *c* 1870

Cerbyd pedair olwyn yn Dirleton, Sir Gaerfyrddin

72   William Ewart Gladstone at the opening of Queensferry bridge, 1897

William Ewart Gladstone yn agoriad pont Queensferry

73 A train carrying limestone on the Penderyn-Hirwaun tramroad, *c.* 1870

Tren yn cario cerrig calch ar reilffordd tramiau Penderyn-Hirwaun

74 Andrews Patent horse omnibus with adjustable axles for running on tram lines in Llanelli, *c.* 1885

Bws ceffylau Patent Andrews gydag echelau y gellid eu cymhwyso i redeg ar reiliau tram

75 A horse bus running between Alexandra Docks and High Street Station, Newport, Monmouthshire, *c.* 1880

Bws ceffyl a redai rhwng Dociau Alexandra a gorsaf y Stryd Fawr yng Nghasnewydd

76 A horse-drawn furniture van at Bargoed, Monmouthshire, *c.* 1905

Men geffyl i symud dodrefn yn y Bargoed, Sir Fynwy

77 A four-horse brake with tourists outside the Belle Vue Hotel at Aberystwyth, *c.* 1910

Brêc pedwar ceffyl gydag ymwelwyr y tu allan i westy'r Belle Vue, Aberystwyth

78 Margaret the carrier and her horse and van outside the Post Office at Hawarden. She is wearing the Grand Old Man's Inverness coat, *c.* 1890

Marged y gludwraig a'i cheffyl a'i men y tu allan i Swyddfa Bost Penarlâg. Y mae'n gwisgo côt Inverness William Ewart Gladstone

79 A Monmouthshire family on an outing in their carriage, *c.* 1900

Teulu o Sir Fynwy ar siwrnai yn eu cerbyd

80 Two traps, one drawn by a donkey and the other by a Welsh pony, in Monmouthshire, *c.* 1900

Dau gar, un yn cael ei dynnu gan asyn a'r llall gan ferlen Gymreig, yn Sir Fynwy

81 The Stepney Gulston men-folk admiring a boneshaker bicycle at Derwydd, Carmarthenshire, *c.* 1870

Dynion teulu Stepney Gulston yn edmygu beisicl ysgwyd esgyrn yn y Derwydd, Sir Gaerfyrddin

82 Competitor in a motor cycle rally, 1911
Cystadleuydd mewn rali beisiclau modur

83 A train and railway workmen on Trawsfynydd station on the Bala-Blaenau Ffestiniog line, now closed, *c.* 1880

Tren a gweithwyr rheilffordd yng ngorsaf Trawsfynydd ar y lein o'r Bala i Flaenau Ffestiniog a gaewyd erbyn hyn

84 The four o'clock express train from London arriving at Llanelli on the last day of the century, 1900

Y tren cyflym pedwar o'r gloch o Lundain yn cyrraedd Llanelli ar ddydd olaf y ganrif

85 A London and North Western Railway steam lorry at Holywell. Speed 5 m.p.h.

Lori stêm yr L.&N.W.R. yn Nhreffynnon. Cyflymdra 5 m. yr awr

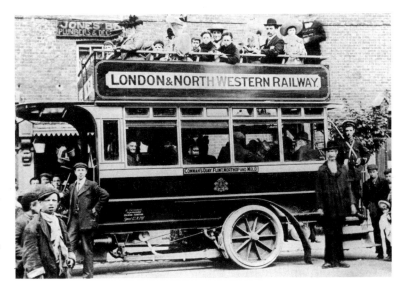

86 A L.&N.W.R. bus from Connah's Quay via Flint and Northop to Mold. Speed 12 m.p.h., c. 1910

Bws yr L.&N.W.R. o Connah's Quay drwy'r Fflint a Llaneurgain i'r Wyddgrug. Cyflymdra 12 m. yr awr

87 The first motor car to arrive in Newport, Monmouthshire, 24 Nov./*Tach.* 1896

Y modur cyntaf i gyrraedd Casnewydd

88   The Hon. Charles Rolls and John A. A. Williams ('Brochmael') preparing to ascend in a midget
balloon at Monmouth, 2 Dec./*Rhag.* 1908

*Yr Anrh. Charles Rolls a John A. A. Williams ('Brochmael') ar fin esgyn mewn balŵn fechan yn
Nhrefynwy*

89   The first aeroplane to land at Rhos-on-sea, 1910

Yr awyren gyntaf i lanio yn Rhos Fynach

INDUSTRY
DIWYDIANT

90   Women morax workers at Aberffraw, Anglesey, *c.* 1890

Benywod o weithwyr morhesg yn Aberffraw, Môn

91 Loading blocks of ice on board a Milford Haven trawler, *c.* 1910

Llwytho iâ i fwrdd llong bysgota yn Aberdaugleddau

92 Repairing the 'Fuschia' at Milford Haven, 1909

Atgyweirio'r 'Fuschia' yn Aberdaugleddau

93 (*opposite*) Women hauliers at Abergorky colliery, 1880

   Benywod yn halio yng nglofa Abergorci

94 Cymmer colliery in Glamorgan, *c.* 1865

   Glofa'r Cymer ym Morgannwg

95 Bwllfa colliery, Aberdare, *c.* 1870

   Glofa'r Bwllfa, Aberdâr

96 Two miners at the coal face at Tirpentwys, Monmouthshire, 1905. 'The acres of coal under the floor of the glen – is his place With his lamp and tool; To his dark cell bright day comes not, The sun will not follow him there.' – From Gwilym R. Tilsley's *Ode to the Collier*.

Dau löwr yn y talcen glo yn Nhirpentwys, Mynwy. 'Erwau'r glo dan loriau'r glyn – yw ei le Gyda'i lamp a'i erfyn; I'w ddu gell ni ddaw dydd gwyn, Ni ddaw haul yno i'w ddilyn.' – Gwilym R. Tilsley, Awdl y Glowr.

97 Working the rolls at Tredegar Iron Works, 1910

Trin y rholiau yng ngwaith haearn Tredegar

98   Gold miners at Clogau, Merioneth, *c.* 1895. 'Though Lewis Morris of Mona Sang early to Meirion
He hinted not half a word About Clogau's rock of gold.' – John Ceiriog Hughes on the Gold of Merioneth
   Mwynwyr aur yn y Clogau, Meirion. 'Er i Lewis Morus, Môn, I Feirion ganu'n forau, Ni chryb-
wyllodd hanner gair Am glogwyn aur y Clogau . . .' – Ceiriog, Aur Sir Feirionnydd

99 The Henryd lead mine, Caernarfonshire, *c.* 1890

Gwaith mwyn yr Henryd, Sir Gaernarfon

100 A Llanidloes woollen factory, *c. 1880*

Ffatri wlan yn Llanidloes

101 A tannery at Rhayader, now removed to the Welsh Folk Museum at St Fagans, *c. 1910*

Tanerdŷ yn Rhaeadr Gwy, a symudwyd bellach i Amgueddfa Werin Cymru yn Sain Ffagan

102 A quarryman drilling on the rock face in the Penrhyn Slate Quarry, *c.* 1912. 'Strong was the primeval heart of the blue rocks, Stronger were his drill and steel. He increased the wealth of the lord of gold and manor By his meagre earnings and his frequent pain.' – From W. J. Gruffydd's *Song of the Old Quarryman.'*

Chwarelwr yn tyllu ar wyneb y graig yn Chwarel y Penrhyn. 'Cryf oedd calon hen y glas glogwyni, Cryfach oedd ei ebill ef a'i ddur. Chwyddodd gyfoeth gŵr yr aur a'r faenol O'i enillion prin a'i fynych gur.' – W. J. Gruffydd, Cerdd yr hen chwarelwr.

103   The smithy at the Llechwedd Slate Quarry, Ffestiniog, *c.* 1893

Yr efail yn chwarel lechi'r Llechwedd, Ffestiniog

104   A Bangor writing-slate factory, *c.* 1912

Ffatri llechi ysgrifennu ym Mangor

105   (*overleaf*) Loading slates at Greaves' Wharf, Portmadoc, *c.* 1890

Llwytho llechi ar lanfa Greaves ym Mhorthmadog

106 The engine 'Velinheli' at the Dinorwic Slate Quarry, *c.* 1905

Y peiriant 'Velinheli' yn Chwarel Dinorwig

107 Children and wives of colliers at Aberdare taking home coal from the tips during a strike, 1910

Plant a gwragedd glowyr yn cario glo adref o'r tipiau yn Aberdâr yn ystod streic

108 Colliers and their children during the coal strike of 1911

Glowyr a'u plant yn ystod streic glowyr 1911

109 Three colliers with 'lifted' coal on a barrow during a strike at Abersychan, 1906

Tri glöwr gyda glo wedi ei 'godi' ar gert yn Abersychan yn ystod streic

110 A protest by colliers during the 1911 strike

Protest gan lowyr yn ystod streic 1911

111   Bakers' Union members issue posters to masters who paid Union rate wages during the rail strike at Swansea, 1911

Aelodau Undeb y Pobyddion yn dosbarthu posteri i'r meistri a dalai gyflogau ar raddfa'r Undeb yn ystod streic y rheilffyrdd yn Abertawe, 1911

THE PUBLIC SERVICES
Y GWASANAETHAU CYHOEDDUS

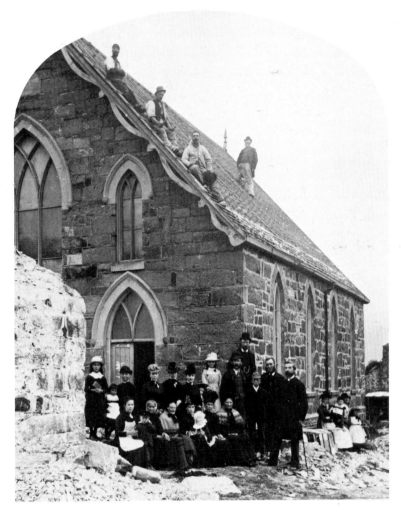

112 The demolition of Llanwddyn to make way for the Lake Vyrnwy reservoir to supply water to Liverpool, 1881. 'Llanwddyn today a lake – her shattered dwellings unprotected, the altars of our parish under the wavy monochrome flood.' – John Evans, *Ode to the Dam.*

Chwalu pentre Llanwddyn i godi cronfa Llyn Efyrnwy i gyflenwi dŵr i Lerpwl. 'Llanwddyn yn llyn heddiw – dinodded Ei anheddau chwilfriw; Tan genlli tonnog unlliw Allorau bro'n y llawr briw.' – John Evans, Awdl yr Argae.

113 *(overleaf)* The water supply at Holywell, *c*. 1880

Y cyflenwad dŵr yn Nhreffynnon

114 The Sandycroft Fire Brigade practising at Hawarden Castle. W. E. Gladstone stands in the doorway, 1891

Brigâd Dân Sandycroft yn ymarfer ar Gastell Penarlâg. Saif W. E. Gladstone ar y trothwy

115   The Royal Welsh Fusiliers, *c.* 1898

Y Ffiwsulwyr Cymreig Brenhinol

116   Caernarvon County Gaol Staff, *c.* 1892

Swyddogion carchar y Sir yng Nghaernarfon

117   (*opposite*) Montgomery Gaol. Closed in the 80's, *c.* 1880

Carchar Trefaldwyn. Caewyd yn yr wyth degau

118   Yeomanry in camp at Lamphey, Pembrokeshire, *c.* 1906

Meirchfilwyr mewn gwersyll yn Llandyfái, Sir Benfro

RELIGION, EDUCATION, AND CULTURAL ACTIVITIES
CREFYDD, ADDYSG, A GWEITHGAREDDAU DIWYLLIANNOL

119 A group of Llanrwst bards. They include Scorpion, Gethin, Prysor, Cowlyd, and Threbor Mai. Gethin insisted on turning the open book towards the camera even though told that it could not be read. The billy-goat was brought in by David Jones of the Boot, Llanrwst, *c.* 1880

Grŵp o feirdd Llanrwst, yn cynnwys Scorpion, Gethin, Prysor, Cowlyd, a Threbor Mai. Mynnodd Gethin ddangos y llyfr agored i'r camera er egluro iddo na ellid ei ddarllen yn y llun. David Jones y Boot a ddaeth â'r bwch gafr

120 A Calvinistic Methodist Preaching Assembly at Sarn, Caernarvonshire, 1910. The Religious Revivals of 1859 and 1904-5 had a profound effect upon the Welsh people, and down to the period of the First World War preaching assemblies drew huge congregations

Sasiwn Bregethu y Methodistiaid Calfinaidd yn y Sarn, Sir Gaernarfon. Gadawodd diwygiadau crefyddol 1859 e 1904–5 argraff ddofn ar bobl Cymru acilawr at y Rhyfel Byd cyntaf tynnai cymanfaoedd pregethu gynulliadau anferth

121 (*opposite*) Lady Charlotte Guest giving an address at a prize day in the Dowlais School. The school building was designed by Sir Charles Barry. Aided by Welsh scholars of the day Lady Charlotte Guest translated the Mabinogion and other Welsh texts into English, *c*. 1855

Y Fonesig Charlotte Guest yn annerch mewn cyfarfod gwobrwyo yn ysgol Dowlais. Cynlluniwyd adeiladau'r ysgol gan Syr Charles Barry. Gyda chymorth ysgolheigion Cymraeg y dydd cyfieithodd y Fonesig Charlotte Guest y Mabinogion a thestunau eraill i Saesneg

122   Bontnewydd Council School, Caernarfonshire, with portraits of King Edward VII and Queen Alexandra on either side of the clock, *c.* 1905
      Ysgol y Cyngor, Bontnewydd, Sir Gaernarfon, gyda darluniau o'r Brenin a'r Frenhines o oddeutu'r cloc

123   A sewing class at Cwm-Ann near Lampeter, 1894

      Dosbarth gwnïo yng Nghwm-Ann, ger Llanbedr Pont Steffan

124 A housecraft class in Bontnewydd School, with a Welsh dresser in the background, *c.* 1905

Dosbarth gwyddor tŷ yn Ysgol Bontnewydd, gyda dreser Gymreig y tu cefn

125 The National Eisteddfod platform in the Pavilion at Caernarvon during the reading of bardic addresses of welcome to the Prince and Princess of Wales and their three daughters, 11 July 1894

Llwyfan yr Eisteddfod Genedlaethol ym Mhafiliwn Caernarfon a chyfarchion barddol o groeso yn cael eu darllen i Dywysog a Thywysoges Cymru a'u tair merch, 11 Gorff 1894

126   The Archdruid and members of the Gorsedd of Bards on Castle Square, Caernarvon, during the National Eisteddfod held in the town in 1894

Yr Archdderwydd Clwydfardd ac aelodau o Orsedd y Beirdd ar y Maes yng Nghaernarfon adeg cynnal Eisteddfod Genedlaethol yn y dref yn 1894

127 John Ceiriog Hughes, the stationmaster and lyric poet playing the harp for John Williams ('Eos Môn'), shoemaker of Llanerchymedd, and a noted singer, 1884

Ceiriog y gorsaf-feisr a'r bardd telynegol yn canu'r delyn i Eos Môn y crydd o Lanerchymedd a datgeiniad enwog

CHARACTERS
CYMERIADAU

128 The Photographer. John Dillwyn Llewelyn and his camera and equipment, *c.* 1853

Y Ffotograffydd. John Dillwyn Llewelyn a'i gamera a'i offer

129 The sawyers, *c.* 1900

    Y llifwyr

130 The basket maker, *c.* 1900

    Y basgedwr

131   John Tuck, the cobbler, *c.* 1900

John Tuck, y crydd

132   Ellis, the pedlar of Llanfair, *c.* 1885
Ellis y pedler o Lanfair

133   A Glamorgan chimney sweep, *c.* 1910

Glanhawr simneiau o Forgannwg

134   Siôn Catrin, sexton of Llanrwst, *c.* 1880

Siôn Catrin, clochydd Llanrwst

136 Two Montgomeryshire drovers, *c.* 1880

Dau borthmon o Faldwyn

137 The town crier of Llanidloes, *c.* 1905

Crïwr tref Llanidloes

135 (*opposite*) A Welsh woman and her spinning wheel, *c.* 1885

Cymraes a'i throell nyddu

138 Two Aberdare colliers, *c.* 1900

Dau löwr o Aberdâr

139 A tip girl of Dowlais, *c.* 1860

Un o ferched tip Dowlais

140 An old woman and her knitting, *c. 1885*

Hen wraig a'i gwau

141 A cocklewoman from Llangwm, Pembrokeshire, *c. 1890*

Gwraig o Langwm, Penfro yn gwerthu rhython

142   A fisherwoman holding a salmon caught in a seine net at Newport. Pembrokeshire, 1895

Pysgotwraig gydag eog a ddaliwyd mewn rhwyd fawr yn Nhrefdraeth, Penfro

143   Murphy the last man to be hanged in Caernarvon Gaol, 1910

Murphy, y dyn olaf a grogwyd yng ngharchar Caernarfon

144 Tenby fisherwoman, *c.* 1890

Pysgodwragedd Dinbych y Pysgod

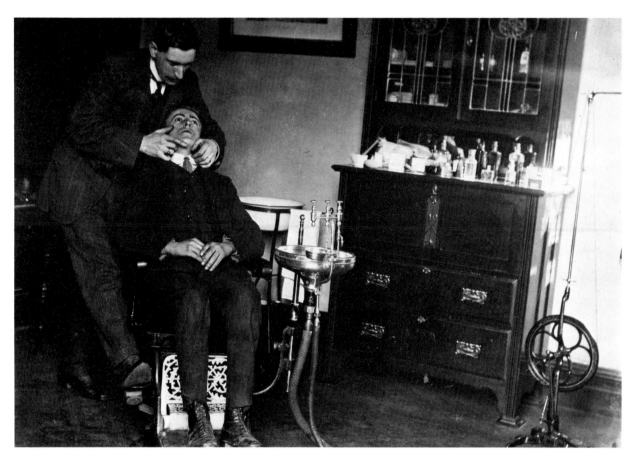

145 The dentist, *c.* 1912

Y deintydd

ENTERTAINMENT
ADLONIANT

146 Punch and Judy in Llangefni, *c.* 1910

Pwnsh a Siwdi yn Llangefni

148 (*opposite*) Captive aeroplanes at a fair in Glamorgan, 1912

Awyrennau rhwym mewn ffair ym Morgannwg

147 The circus comes to Haverfordwest, *c.* 1920

Y syrcas yn cyrraedd Hwlffordd

SOME NOTABLE OCCASIONS
RHAI ACHLYSURON NODEDIG

149   The Royal Train on the Mumbles Railway on the occasion of the visit of
the Prince of Wales to Swansea, 1904

*Y Tren Brenhinol ar Reilffordd y Mwmbwls ar achlysur ymweliad Tywysog
Cymru ag Abertawe*

150 Mrs. Pankhurst addressing a meeting at Haverfordwest during a Women's Suffrage campaign, *c.* 1907

Mrs. Pankhurst yn annerch cyfarfod yn Hwlffordd yn ystod ymgyrch dros Ryddfreiniad Merched

151 A tea party in Madryn Park, Caernarfonshire, to celebrate Queen Victoria's Diamond Jubilee, 1897

Tê parti ym Mharc Madryn i ddathlu Iwbili Diemwnt y Frenhines Victoria

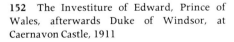

152 The Investiture of Edward, Prince of Wales, afterwards Duke of Windsor, at Caernavon Castle, 1911

Arwisgo Edward, Tywysog Cymru, Dug Windsor wedyn, yng Nghastell Caernarfon

153 (*overleaf*) Queen Victoria going on board the Royal Yacht Victoria & Albert in a wheeled chair on her departure for Ireland from the now demolished Mail Pier at Holyhead, 1900

Y Frenhines Victoria'n mynd ar fwrdd yr Iot Frenhinol Victoria & Albert mewn cadair olwyn wrth ymadael â Chaergybi am Iwerddon oddiar lanfa'r Post a chwalwyd erbyn hyn

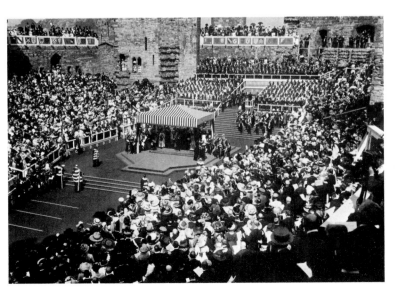

154 Laying the Foundation Stones of the National Library of Wales at Aberystwyth. Queen Mary signing the Visitors' Book, with King George V, the Prince of Wales, and Princess Mary looking on, 1911

Gosod cerrig sylfaen y Llyfrgell Genedlaethol yn Aberystwyth. Y Frenhines Mary yn torri ei henw yn y Llyfr Ymwelwyr, a'r Brenin Siôr V, Tywysog Cymru, a'r Dywysoges Mary yn ei gwylio